Der große Schragen
Capellen
Russische Kolonie Alexandrowka
Garnison Lazaret
Kaserne der Garde Maschinengewehr Abteilung
Nauener
Kaserne des III. Garde-Ulanen-Regiments
Marmor Palais
Orangeriehaus
Bismarck
Schulgarten
Vorstadt
Kaserne des Regiments der Garde du Corps
Jäger
Vorstadt
Kaserne des Leibgarde Husaren-Rgts.
Reitbahn
See
Bassin-Platz
Hauptpost
Wilhelm Platz
Am Kanal
Plantage
Garnison Kirche
Breite
Kaserne des 1. Garde-Regiments
Schloß Str.
Königl. Stadt Schloss
Lust Garten
Freundschafts-Insel
Schiffahrtskanal
Die Nuthe
Güter Bahnhof
Bhf. Potsdam
Eisenbahn Werkstätten
Hinzenberg
Schützen Platz
Kriegsschule
Teltower Vorstadt
Alter Friedhof
Bootsfähre

Üppige Blumenpracht auf der Freundschaftsinsel. Im Hintergrund am anderen Ufer der Alten Fahrt ragt der Turm der Heilig-Geist-Kirche in den Himmel.

Potsdam

in frühen Farbdias
1936 bis 1943

Blick von der Freundschaftsinsel auf die Kuppel der Nikolaikirche. Davor erkennt man den Turm des Potsdamer Rathauses mit der Atlasfigur.

Michael Sobotta

Potsdam

in frühen Farbdias 1936 bis 1943

SUTTON

Ein Havelschwan auf Abwegen an der Langen Brücke. Im Hintergrund das Potsdamer Stadtschloss.

Einband vorn: Schloss Sanssouci (s. S. 73).
Vorsatz: Plan der Residenzstadt Potsdam und Umgebung im Jahr 1912.
Seite 5: Die Communs gegenüber dem Neuen Palais (s. S. 98).
Nachsatz: Plan der Residenzstadt Potsdam im Jahr 1912.
Einband hinten: Blick auf das Alte Rathaus am Alten Markt (s. S. 44/45).

Bildnachweis
Joachim Castan: S. 24, 32 oben;
Harald Giray: S. 25, 29, 31, 39, 55;
Uli Rössiger: Schmutztitel, Haupttitel, S. 8/9, 12/13, 14 unten, 15, 22/23, 34, 40/41, 47, 62/63, 65 oben, 72 oben, 74, 75 unten, 76 oben, 76 unten, 77 oben, 82, 84/85, 102, 112/113, 115, 116 unten, 117, 118, 119, 120;
Alle anderen Aufnahmen stammen aus dem Archiv des Autors.

Impressum

Sutton Verlag GmbH
Schweickhardtstraße 1
72072 Tübingen
www.suttonverlag.de

2. Auflage, 2023
ISBN: 978-3-96303-378-0
Printed in Poland by CGS Printing
Gestaltung und Herstellung: Sutton Verlag

In diesem Buch wird aus Gründen der besseren Lesbarkeit das generische Maskulinum verwendet. Weibliche und anderweitige Geschlechteridentitäten werden dabei ausdrücklich mitgemeint, soweit es für die Aussage erforderlich ist.

Inhalt

An der Treppe zur Alten Fahrt warten die vielen Havelschwäne auf Futter. Auf der Langen Brücke im Hintergrund stehen die von Ernst Herter in den Jahren 1895 bis 1896 geschaffenen Soldatenfiguren.

Einleitung

Noch kurz vor Ende des Zweiten Weltkriegs begann am 14. April 1945 ab 22.16 Uhr einer der letzten schweren Bombenangriffe auf Deutschland und zerstörte einen großen Teil der Potsdamer Innenstadt. Insgesamt 490 schwere viermotorige Lancaster der britischen Royal Air Force warfen ungefähr 1.700 Tonnen Bomben gezielt über dem Gebiet rund um den Alten Markt ab. Bei diesem Angriff starben mindestens 1.593 Potsdamer, fast 1.000 Gebäude in der Innenstadt wurden zerstört und rund 60.000 Menschen wurden obdachlos. Die etwas außerhalb gelegenen Schlösser im Park von Sanssouci blieben unversehrt.

Noch bis in den Zweiten Weltkrieg hinein zog die Stadt, insbesondere die Schlösser und Gärten, unzählige Besucher an. Vom Berliner Zentrum aus erreichte man Potsdam mit der S-Bahn in nur 30 Minuten. Nur die Tatsache, dass viele Besucher Potsdams schon den erst ab 1936 erhältlichen Agfacolor-Diafilm in ihren Kameras verwendet haben, hat dieses Buch ermöglicht.

Blick im Jahr 1957 über die Lange Brücke auf die Ruinen des Stadtschlosses und der Garnisonkirche.

Was von den Bomben noch halbwegs verschont geblieben und zum Teil durchaus wiederaufbaufähig gewesen wäre, wurde dann von der DDR-Regierung in ihrem Bestreben, alles Preußische aus dem Stadtbild zu entfernen, wie das Stadtschloss, die Garnisonkirche und die Heilig-Geist-Kirche, flächendeckend abgerissen und durch geschmacklose Neubauten ersetzt. Dabei wurde bewusst keinerlei Rücksicht auf die Stadtstruktur des alten Potsdams genommen. Zum Beispiel verlängerte man quer über das gesprengte Stadtschloss die zum Holländischen Viertel führende Nauener Straße.

Seit der Wende 1989 ist man aber in Potsdam bemüht, die Wunden des Krieges und der Abrisswut der DDR-Zeit zu beheben. Inzwischen wurde das Brandenburger Landtagsgebäude in Form des Potsdamer Stadtschlosses errichtet und auch der Wiederaufbau der gesprengten Garnisonkirche nähert sich der Fertigstellung. Rund um den Alten Markt ist man dabei, ein ganzes Stadtquartier wiederherzustellen.

Dieses Buch soll es dem heutigen Besucher ermöglichen, die Schönheit des alten Potsdams wieder betrachten und mit dem heutigen Stadtbild vergleichen zu können.

Michael Sobotta

Blick von der Langen Brücke auf die Dampferanlegestelle der Potsdamer „Weißen Flotte“. Ganz rechts ist noch die westliche Spitze der Freundschaftsinsel erkennbar.

Potsdam, Stadt an der Havel

Auf dem Weg vom Potsdamer Bahnhof zum Stadtzentrum bot sich dem Besucher auf der Langen Brücke ein weiter Blick auf die Havellandschaft. Links befindet sich die Freundschaftsinsel und dahinter am anderen Ufer der Alten Fahrt der 86 Meter hohe Turm der in den Jahren 1726 bis 1728 errichteten Heilig-Geist-Kirche. Im Hintergrund ist der von Zinnen geschmückte 46 Meter hohe Flatowturm im Schlosspark Babelsberg zu erkennen.

Auf der Alten Fahrt vor der Heilig-Geist-Kirche.

An ihrer östlichen Spitze teilt sich die Havel in zwei Arme: in die Neue Fahrt und die Alte Fahrt. Hier geht der Blick in die Alte Fahrt hin zur Nikolaikirche, zum Alten Markt und zum Stadtschloss. Rechts hinter den hohen Bäumen verborgen steht die Heilig-Geist-Kirche.

Die Freundschaftsinsel

Der Turm des Potsdamer Rathauses mit seinem goldenen Atlas auf der Spitze vor der Kuppel der Nikolaikirche am Alten Markt.

Zwischen dem am anderen Ufer der Havel gelegenen Potsdamer Bahnhof und dem Stadtschloss bildet die von zwei Armen der Havel, der Alten und der Neuen Fahrt, umflossene Freundschaftsinsel den Eingang in die Innenstadt Potsdams. Sie verdankt ihren Namen einem Gasthaus, das sich seit Mitte des 19. Jahrhunderts auf der Insel befand.

Hier waren dem Fotografen bei der Motivauswahl offensichtlich die Blumen im Vordergrund wichtiger als der Blick auf die nur durch eine Baumlücke zu erkennende Kuppel der Nikolaikirche.

Die Blumenpracht geht auf den Gärtner und Staudenzüchter Karl Foerster (1874–1970) aus Bornim bei Potsdam zurück. Im Jahr 1941 wurde der durch ihn angeregte und nach Entwürfen von Hermann Mattern angelegte öffentliche Schaugarten eröffnet. Der Turm der Heilig-Geist-Kirche überragt das bunte Blumenschauspiel.

Die Eröffnung der Schau- und Lehrgärten fiel größtenteils mitten in die Jahre des Zweiten Weltkriegs. Schon damals wurden zahlreiche Beete mit Pflanzen aus den unterschiedlichsten Ländern angelegt, die die gesamte Freundschaftsinsel in einen üppigen grünen Garten verwandelten. Besonders stolz war man auf den Staudengarten, den ersten Schau- und Sichtungsgarten in Deutschland.

Die Pergola am Ufer der Alten Fahrt mit ihren Säulen aus rotem Wesersandstein.

Eines der beiden Torhäuser auf der Freundschaftsinsel.

An der Langen Brücke

Während des Zweiten Weltkrieges auf der Langen Brücke mit den beiden von Ernst Herter 1895 bis 1896 geschaffenen Soldatenfiguren. Links steht ein Husar Friedrichs II. und rechts ein Grenadier des Soldatenkönigs Friedrich Wilhelm I. Hinter der weiten Fläche des Lustgartens befindet sich die evangelische Garnisonkirche. Mit ihrem fast 90 Meter hohen Turm war sie einst das höchste Bauwerk Potsdams.

Von der Freundschaftsinsel geht der Blick hinüber zum einstigen „Palast-Hotel“ mit seinen Terrassen direkt an der Alten Fahrt. Im Hintergrund ragt die Kuppel der Nikolaikirche empor.

Das zwischen 1889 und 1898 errichtete „Palast-Hotel" besaß eine eigene Anlegestelle für Dampfer und Motorboote an der Alten Fahrt. Mit seinen 65 Zimmer war es das größte Hotel Potsdams und galt als eine der besten Adressen der Stadt. Die Zimmer verfügten bereits über fließend warmes und kaltes Wasser, zudem gab es eine Zentralheizung. Auch eine Autohalle gehörte bereits zum Hotel. Von der Restaurant-Terrasse ging der Blick über die Lange Brücke mit dem 1901 von Ernst Herter errichteten Reiterstandbild Kaiser Wilhelms I. bis hinüber zum Brauhausberg. Seit 1902 befand sich auf dem 88 Meter hohen Brauhausberg, so benannt wegen der dort seit 1716 befindlichen königlichen Bierbrauerei, die nach Plänen von Franz Schwechten errichtete neue Kriegsschule. Von Schwechten stammt auch die Kaiser-Wilhelm-Gedächtniskirche in Berlin.

◂ Neben den Terrassen des „Palast-Hotels" befand sich die zur Havel gelegene Rückseite des Palasts Barberini, eines nach dem Vorbild des Palazzo Barberini in Rom errichteten Bürgerhauses am Alten Markt. Einige Ruderer erkunden hier Potsdam vom Wasser aus.

Die östliche Begrenzung des Lustgartens hin zur Langen Brücke und zur Havel bildete die 37,5 Meter lange Havelkolonnade mit acht Säulenpaaren und vier Brunnen mit Meeresgöttern. Die Kolonnade wurde

1745 auf Initiative Friedrichs II. errichtet und 1945 fast vollständig zerstört. Die nördliche Begrenzung zwischen Stadtschloss und Marstall bildete die doppelt so lange Ringerkolonnade.

Der bekannteste Baum Potsdams war die Bittschriftenlinde. Sie stand, umfahren vom Straßenbahn- und Autoverkehr, mitten auf der Humboldtstraße an der südlichen Ecke des Stadtschlosses. Ihren Namen hatte die Linde von den einstigen Bittschriften an die preußischen Könige, die die Untertanen an die Zweige hefteten. Angeblich nahm vor allem Friedrich II., der den Baum von seinem Arbeitszimmer im Schloss gut sehen konnte, dort regelmäßig Bittschriften entgegen. Er dürfte aber nicht persönlich hinuntergegangen sein, um die Briefe in Empfang zu nehmen.

Als Schutz vor dem Straßenverkehr war die Linde durch Poller geschützt und von einem vergoldeten Gitter umgeben. Im Hintergrund sind die Soldatenfiguren auf der Langen Brücke gut zu erkennen. ►

Blick aus der Humboldtstraße hin zum Lustgarten und zum Stadtschloss. Die kahlen Äste der Bittschriftenlinde ermöglichen die Sicht auf die Fenster des Arbeitszimmers von Friedrich II.

Das Stadtschloss und der Lustgarten

Der Zugang zum Lustgarten durch die Havelkolonnade an einem Wintertag während des Krieges – unschwer zu erkennen am gelb-roten Hinweisschild zum nächsten Luftschutzraum am linken Bildrand und an der hölzernen Schutzverkleidung vor einem der Fenster des Stadtschlosses.

Der Blick geht von der Alten Fahrt hinüber zum Platz vor der Havelkolonnade. Direkt an der Langen Brücke befand sich das „Palast-Hotel", im Hintergrund sieht man den Turm des Rathauses am Alten Markt.

Die Grüne Treppe an der zum Lustgarten hin gelegenen Seite des Schlosses. Die Treppe ist eigentlich eine Rampe, die es König Friedrich II. ermöglichte, mit seiner Kutsche direkt bis zum Marmorsaal und von dort zu seinem Arbeitszimmer zu gelangen. Ihren Namen hatte sie von einem Vorgängerbau, einer mit Kübelpflanzen besetzten Treppe.

Am Sockel dieses von Georg Franz Ebenhech errichteten Laternenträgers auf der Grünen Treppe finden sich die Initialen von Friedrich II. – die ineinander verschlungenen Buchstaben „F" und „R" für Fridericus Rex – mit einer darüberliegenden Königskrone. Darüber, in der Mitte des Südportals, befand sich eine von Steinfiguren, Blumengirlanden und Efeukränzen umrankte goldene Wappenkartusche mit dem Wappen Preußens. Insgesamt waren drei dieser Wappenkartuschen an der Fassade des Stadtschlosses angebracht. Jede dieser Kartuschen war etwa 23 Tonnen schwer, fünf Meter hoch und vier Meter breit. Heute befinden sich an der Fassade des in Gestalt des alten Schlosses errichteten Landtagsgebäudes Rekonstruktionen dieser 1945 völlig zerstörten Kartuschen. ►

Blick vom Lustgarten durch die Havelkolonnaden hinüber zum „Palast-Hotel".

Die Westfassade des Schlosses mit der goldenen Fahnentreppe am linken Bildrand. Im Hintergrund ist die ehemalige Kriegsschule auf dem Potsdamer Brauhausberg zu sehen. Nach dem Ersten Weltkrieg diente sie von 1919 bis 1945 als Reichs- und Heeresarchiv. Im Vordergrund befindet sich die weite Fläche des Lustgartens. Ursprünglich als Barockgarten unter Kurfürst Friedrich Wilhelm für das Stadtschloss geschaffen, wurde er unter König Friedrich Wilhelm I. größtenteils in einen öden Exerzierplatz umgewandelt. Ob die Soldaten dabei große Lust empfanden, darf wohl bezweifelt werden.

◂ Die ebenfalls von Georg Franz Ebenhech geschaffenen Sphingen am Fuß der Grünen Treppe mit ihren lebendig wirkenden Gesichtern. In Potsdam war Georg Franz Ebenhech nicht nur an der Ausschmückung des Stadtschlosses, sondern auch an der Gestaltung des Parks und Schlosses Sanssouci beteiligt.

Die Fahnentreppe mit ihren im 19. Jahrhundert in Zinkguss erneuerten Figuren war bis zu ihrer Zerstörung 1945 ein beliebtes Fotomotiv in Potsdam.

◂ Die Fahnentreppe an der Lustgartenseite des Potsdamer Schlosses. Ursprünglich als einfache Holztreppe errichtet, damit der Soldatenkönig Friedrich Wilhelm II. schnell aus seinen privaten Räumen in den Lustgarten und auf das Exerzierfeld zu seinen „Langen Kerls“ gelangen konnte, wurde sie nach einer eigenhändigen Entwurfsskizze Friedrichs II. später in Stein errichtet und um 1752 mit dem Rokoko-Ziergeländer von Johann Melchior Kambly geschmückt. Wegen der neun Kinderfiguren, von Friedrich Christian Glume geschaffen, wurde sie auch als Putten- bzw. Engeltreppe bezeichnet.

Rechts vom Fortunaportal lassen sich der Obelisk auf dem Alten Markt und die Kuppel des Rathauses mit der vergoldeten Atlasfigur erkennen.

◂ Im Innenhof des Potsdamer Stadtschlosses mit Blick auf das Fortunaportal. Das Portal wurde vom niederländischen Architekten Jean de Bodt als Eingangstor vom Alten Markt zum Potsdamer Stadtschloss entworfen und 1701 eingeweiht. Auf der Kuppel des Portals dreht sich die Göttin Fortuna im Wind. Sie gab dem Portal seinen Namen. Dahinter ragt die 77 Meter hohe Nikolaikirche empor. Zusammen mit der Garnison- und der Heilig-Geist-Kirche prägte sie bis 1945 die Silhouette der Stadt.

Im Vordergrund blickt die 1885 am Rande des Lustgartens auf einem hohen Granitsockel errichtete Bronzefigur des preußischen Soldatenkönigs Friedrich Wilhelm I. auf das Stadtschloss und die Nikolaikirche. Friedrich Wilhelm I. ließ 1714 Teile des direkt an das Stadtschloss angrenzenden alten Lustgartens in eine kahle Sandfläche als Exerzierplatz einebnen und das Pomeranzenhaus (links) zum Marstall für Pferde umbauen. Der Marstall wurde durch die Ringerkolonnaden mit dem Stadtschloss verbunden. Die Grünanlagen hinter den Ringerkolonnaden gehören zum Steubenplatz. Dahinter erhebt sich die Kuppel der Nikolaikirche.

Der Neptunbrunnen im hinteren Teil des Lustgartens bestand aus einem großen Wagen mit dem Meeresgott Neptun und der Meeresgöttin Amphitrite. Den von zwei Pferden, sechs Tritonen mit Fischschwänzen und Schneckenhörnern gezogenen Wagen umgaben zwei auf Delphinen reitende Nereiden. Friedrich II. beauftragte 1746 den Bildhauer Johann August Nahl mit dem Entwurf dieser Brunnenanlage. Als Vorbild diente das Apollobassin im Schlosspark von Versailles. Der Neptunbrunnen wurde von 1945 bis in die 1960er-Jahre fast vollständig zerstört.

Ein Blick über den Steubenplatz in die Schlossstraße hin zum Rathaus am Alten Markt. Vor dem Schloss, von den Bäumen verdeckt, steht das Denkmal für General Friedrich Wilhelm von Steuben. Ein nettes Detail am Rande ist die schwarze Bierkutsche der Berliner Kindl-Brauerei in Potsdam mit ihrem witzigen Logo: Ein Berliner Kindl schaut oben aus einem Bierkrug.

Am Alten Markt

Das 1754 auf Wunsch von Friedrich II. an der Ecke Schloss-/Hohewegstraße (heute Friedrich-Ebert-Straße) nach italienischen Vorbildern mit prachtvoller Fassade errichtete Gebäude beherbergte bis 1819 den nach seinem Besitzer benannten „Plögerschen Gasthof". Danach diente das Haus bis 1945 als Kommandantur.

◂ General Friedrich Wilhelm von Steuben war ein preußischer Offizier. Im Jahr 1730 geboren, nahm er bereits im Alter von 14 Jahren als Freiwilliger unter Friedrich II. am Zweiten Schlesischen Krieg teil. Nach seinem Abschied vom preußischen Militär im Jahr 1762 führte ihn sein Weg nach Amerika. Dort wurde er Generalinspekteur der US-Streitkräfte im Unabhängigkeitskrieg. 1911 schenkten die USA dem Deutschen Reich eine Bronzestatue des Barons, die in Potsdam auf dem Platz an der Schlossstraße aufgestellt wurde. Seither heißt er Steubenplatz.

Spandau
P

An der östlichen Seite des Alten Markts steht neben dem Alten Rathaus und dem schmalen Windelbandschen Haus das nach seinem Architekten Georg Wenzeslaus von Knobelsdorff benannte Knobelsdorffhaus. Knobelsdorff war auch Erbauer des Opernhauses Unter den Linden in Berlin und des Schlosses Sanssouci. Die von Benjamin Giese im Jahr 1754 geschaffene, eine Weltkugel tragende Atlasfigur auf der Kuppel des Alten Rathauses war ursprünglich in Blei gegossen und wog etwa 120 Zentner. Sie stürzte 1776 auf den Alten Markt. Der Potsdamer Kupferschmied Friedrich Jury und der Bildhauer Johann Christoph Wohler erhielten daraufhin den Auftrag, an ihrer Stelle eine Figur aus Kupfer anzufertigen, die dann nur noch zwölf Zentner wog und auch wieder vergoldet wurde. Beim Bombenangriff 1945 blieb die Figur unversehrt.

Reger Fußgängerverkehr auf dem Alten Markt. Nur die zur besseren Erkennbarkeit während der Verdunklung bei Bombenalarm mit weißer Leuchtfarbe angestrichenen Bordsteine lassen erkennen, dass die Aufnahme während des Kriegs gemacht wurde. Bis zur fast vollständigen Zerstörung kurz vor Kriegsende war Potsdam von Bombenangriffen verschont geblieben.

In den Jahren 1753 bis 1755 entstand im Auftrag Friedrichs II. und nach einem Entwurf von Georg Wenzeslaus von Knobelsdorff der Obelisk auf dem Alten Markt. Er hatte eine Höhe von knapp 25 Metern und bildete den Schnittpunkt aller Spiegelachsen des barocken Vorgängerbaus der Nikolaikirche, des Alten Rathauses und des Palasts Barberini. Heute befindet sich hier eine Nachbildung anstelle des 1945 fast völlig zerstörten ursprünglichen Obelisken.

PHOTO

Blick vom Steubenplatz durch die Schlossstraße hin zum Alten Rathaus und dem Marmorobelisken auf dem Alten Markt.

Die Nauener Straße mit ihren vielen Geschäften und dem Nauener Tor. Das Tor wurde nach einer Skizze König Friedrichs II. 1755 als eines der ersten Bauwerke im neugotischen Stil auf dem europäischen Kontinent errichtet. Auf der rechten Straßenseite erkennt man die roten Backsteinhäuser des Holländischen Viertels. Dieses ist noch eine Schöpfung von König Friedrich Wilhelm I. Es ist mit seinen 134 Häusern das größte zusammenhängende Ensemble dieser Art außerhalb der Niederlande und bringt sowohl die Vorliebe des Soldatenkönigs für dieses Land zum Ausdruck als auch den Wunsch, niederländische Handwerker nach Potsdam zu locken.

Blick in das Schaufenster eines Geschäfts an der Nauener Straße.

Die Garnisonkirche

Das weithin sichtbarste Wahrzeichen der Stadt Potsdam war die im Auftrag des Königs Friedrich Wilhelm I. nach Plänen des Architekten Philipp Gerlach errichtete Garnisonkirche. Sie wurde in den Jahren 1730 bis 1735 erbaut und war mit ihrem in die Breite Straße hineinragenden 88 Meter hohen Turm das höchste Bauwerk Potsdams. Am Ende der Breiten Straße lassen sich die zwei Obelisken am Neustädter Tor an der Havelbucht erkennen.

An ihrem östlichen Ende führt die Breite Straße direkt zum Potsdamer Stadtschloss. In der Gruft der Garnisonkirche wurde im Jahr 1740 König Friedrich Wilhelm I. bestattet. Auch sein Sohn, Friedrich II., fand dort 1786 seine vorerst letzte Ruhe. Im Jahr 1943 brachte man die Särge in einen Bunker am Stadtrand, um sie vor Luftangriffen zu schützen. Nach dem Luftangriff 1945 brannte das Innere der Kirche aus und ihr Turm stürzte teilweise ein. 1968 wurden die Turmreste gesprengt.

In der aus Eichenholz konstruierten, mit Kupferblech verkleideten und mit einer vergoldeten Wetterfahne versehenen Turmlaterne befand sich das berühmte aus 40 Glocken bestehende Glockenspiel. Es stammte noch aus der 1722 geweihten ersten Garnisonkirche und war durch fünf neue, von Johann Meurer geschaffene Bassglocken ergänzt worden.

Die Garnisonkirche im ersten Morgenlicht eines Wintertages.

Das im Jahr 1901 zur Zweihundertjahrfeier des preußischen Königreichs aufgestellte Denkmal Friedrichs des Großen, abgelichtet an einem schönen Wintertag. Das Denkmal war ein Geschenk Kaiser Wilhelms II. an die Residenzstadt Potsdam. Die Plantage war ein wegen ihres sumpfigen Bodens nur mit Bäumen und Büschen bepflanztes Gelände hinter der Garnisonkirche. Zum Teil handelte es sich dabei um Maulbeerbäume, die gepflanzt worden waren, um Seidenraupen zu züchten. Daher rührt der Name Plantage.

Der 1,8 Kilometer lange Stadtkanal beginnt im Osten von der Havel kommend am Kellertor und verläuft in westlicher Richtung bis zum Ende der heutigen Yorckstraße. Dort macht er einen Knick nach Süden und fließt am Wassertor wieder in die Havel. Im Jahr 1673 wurde er durch Friedrich Wilhelm I. als Entwässerungsgraben zur Havel hin angelegt und nach dem Vorbild holländischer Grachten ausgebaut. Sein Sohn Friedrich II. ließ später die Ufer des Kanals durch eine Sandsteinverschalung befestigen und diese mit einem Eisengeländer versehen.

◂ Auf dem Weg zur Garnisonkirche, vorbei an den auf Wunsch Friedrichs II. mit repräsentativen Fassaden gestalteten Bürgerhäusern.

Auch die zwölf Holzhäuser der russischen Kolonie Alexandrowka zählen zu den Sehenswürdigkeiten Potsdams. König Friedrich Wilhelm III. ließ diese Siedlung in den Jahren 1826 bis 1827 im Norden der Stadt im russischen Stil für die letzten zwölf von ehemals 62 russischen Sängern errichten. Diese waren während Napoleons Russlandfeldzug in preußische Gefangenschaft geraten, hatten einen Chor gegründet und waren anschließend freiwillig in Potsdam geblieben. Die Häuser waren, man war ja im sparsamen Preußen, als einfache Fachwerkhäuser errichtet worden, und nur die Verkleidung aus halben Baumstämmen gab den Häusern das Aussehen echter russischer Blockhäuser.

Der Park Sanssouci

Am Obeliskportal – der Fotograf hat hier dem namensgebenden Obelisken den Rücken zugewandt – beginnt die rund zwei Kilometer lange Hauptallee durch den Park Sanssouci. Sie verläuft als Sichtachse in westöstlicher Richtung, vorbei am Schloss Sanssouci bis hin zum Neuen Palais am anderen Ende des Parks.

Der Marlygarten im Schlosspark Sanssouci mit Blick auf die Friedenskirche. König Friedrich Wilhelm IV. ließ die Kirche in den Jahren 1845 bis 1848 im Stil der Kirchenarchitektur Italiens errichten – übrigens im gleichen Stil wie die kurz vorher gebaute Heilandskirche am Port von Sacrow an der Havel. Namensgebend für den im Jahr 1715 für Friedrich Wilhelm I. ursprünglich als Küchengarten angelegten Marlygarten war die Meierei des französischen Schlosses Marly-le-Roi von Ludwig XIV. mit ihren großartigen Garten- und Parkanlagen. Friedrich Wilhelm bezeichnete den Garten ironisch als „mein Marly“.

Der Arkadengang im Innenhof der Friedenskirche.

DEM FRIED RSTEN JESU CHRISTO UNSERM H

Durch den Haupteingang des Parks Sanssouci gelangt man direkt zum Schloss. Nur die während des Kriegs zugemauerten Fenster des Schlosses passen nicht so recht zum Bild der friedlichen Spaziergänger.

◂ Die überlebensgroße Christusstatue auf dem Brunnen im Innenhof der Friedenskirche ist eine Kopie des im Jahr 1821 von Bertel Thorvaldsen geschaffenen marmornen Originals aus der Kopenhagener Frauenkirche. Die altgriechische Umschrift auf dem Brunnenrand lautet: „Reinige dich von Sünden und nicht nur dein Antlitz."

Schloss Sanssouci

Genau am 10. August 1744 gab Friedrich II. die Anweisung, auf dem „Wüsten Berg“ am Südhang des Bornstedter Höhenzugs eine Anlage mit Weinterrassen anzulegen. In den Jahren 1745 bis 1747 ließ er nach eigenen Skizzen auf der Höhe des Weinbergs ein kleines Sommerschloss im Stil des Friderizianischen Rokoko errichten. Er nannte es Sanssouci, abgeleitet vom französischen sans souci, was „ohne Sorge“ bedeutet. Friedrich II., der sehr viel Geld in das Fontänensystem des Parks investierte, ist selbst nie in den Genuss des sprudelnden Wasserspiels vor seinem Schloss gekommen, denn trotz jahrzehntelanger Bemühungen gelang es nicht, den Wasserstrahl in die Höhe steigen zu lassen. Erst im Jahr 1841 konnte mit Hilfe der neuartigen Dampfmaschinentechnik genügend Wasser für einen Betrieb der Fontäne in das Wasserreservoir auf den Ruinenberg gepumpt werden.

Um dem Schloss eine bessere Wirkung zu verleihen, hatte der Architekt Georg Wenzeslaus von Knobelsdorff Friedrich II. vorgeschlagen, das Gebäude durch ein Sockelgeschoss zu erhöhen, zu unterkellern und möglichst nahe an den Rand der obersten Terrasse zu stellen. Der König aber wünschte kein repräsentatives Gebäude, sondern ein intimes Wohnschloss im Stil des Rokoko, das nur seinen privaten Bedürfnissen entsprach. So konnte er ohne Stufen direkt auf eine breite Terrasse und von dort aus in den Garten gelangen. Während des Zweiten Weltkriegs wurden die Fenster des Schlosses aus Angst vor Beschädigungen der wertvollen Innenausstattung zugemauert.

Auch während des Zweiten Weltkriegs war die Fontänenanlage im Park Sanssouci immer mal wieder in Betrieb. ▸

Das Schloss Sanssouci kurz vor dem Zweiten Weltkrieg (oben) und während des Kriegs (unten).

Warum die Schrift „SANS, SOUCI." am Mittelrisalit des Schlosses nicht in einem Wort geschrieben, sondern durch ein Komma getrennt und mit einem Punkt abgeschlossen wurde, ist bis heute durch die historische Forschung nicht eindeutig geklärt. Das Bemerkenswerte an diesem mitten im Zweiten Weltkrieg aufgenommenen Farbdia ist die elegante Kleidung der Besucher.

Blick vom Schloss Sanssouci über die Weinbergterrassen auf die bis zu 40 Meter hohe Fontäne im Hauptbrunnen und die etwa zwei Kilometer lange Hauptallee.

Wohlbehütet und mit umgehängtem Pelz vor der Treppe zum Schloss Sanssouci.

Noch mal schnell die Familienangehörigen vor die große Fontäne gestellt.

Baumblüte am von Marmor-Standbildern gesäumten Rondell an der großen Fontäne.

Magnolienblüte auf der Terrasse vor dem Schloss Sanssouci.

Neue Kammern und Bildergalerie

Die Neuen Kammern wurden im Jahr 1747 für Friedrich II. als Orangeriegebäude, Theater-, Bankett- und Konzertsaal errichtet. Ab 1775 wurde das Gebäude als Gästeschloss genutzt. Dahinter steht die berühmte Windmühle von Sanssouci. Diese Aufnahme entstand im Herbst, ein Teil der empfindlichen Marmorstatuen ist bereits eingehaust, um sie so vor Frostschäden im Winter zu schützen.

Vor der Fassade der Neuen Kammern stehen die insgesamt 26 überwiegend nach antiken Vorbildern von unbekannten italienischen Bildhauern geschaffenen Statuen aus Carrara-Marmor. Im Gegensatz zum schlichten äußeren Erscheinungsbild des Gebäudes befanden sich im Inneren neben vier aufwändig dekorierten Festsälen auch mehrere von bekannten Künstlern der Zeit Friedrichs II. ausgestattete Wohn- und Schlafzimmer für Gäste sowie Zimmer für die Dienerschaft.

Die Windmühle neben dem Schloss Sanssouci gehört wohl zu den bekanntesten Mühlen Deutschlands. Friedrich Wilhelm II. ließ die bereits im Jahr 1736 errichtete Bockwindmühle auf dem „Wüsten Berg" des Bornstedter Höhenzugs abreißen und in den Jahren 1787 bis 1791 durch eine Galeriewindmühle nach holländischem Vorbild ersetzen. Nur der Legende nach fühlte sich Friedrich II. durch das Geklapper der Mühle gestört und hatte deshalb den Müller aufgefordert, seine Mühle abzureißen.

Nachdem weitere Paläste und Bauten errichtet worden waren, erfolgte eine Vergrößerung des Parks und die Anlage der schnurgeraden Hauptallee, die im Osten beim Obelisken beginnt und beim Neuen Palais im Westen endet. Unterhalb des Weinbergs mit den Neuen Kammern und der Windmühle öffnet sich die Hauptallee zu Rondellen mit Fontänenbecken, die von Marmorplastiken umgeben sind. Von hier aus zweigen die sternförmig angelegten, mit hohen Hecken bestandenen Wege in die weiteren Parkbereiche ab.

Östlich des Schlosses Sanssouci, nicht weit entfernt vom Parkeingang am Obelisktor, befindet sich die Bildergalerie. Friedrich II., ein leidenschaftlicher Gemälde-Sammler, ließ sie in den Jahren 1755 bis 1764 in unmittelbarer Nähe des Schlosses Sanssouci eigens für seine Kunstsammlung errichten. Fast 180 Werke italienischer und niederländischer Maler sowie Skulpturen fanden hier ihren Platz. Zum Schutz vor Kriegseinwirkungen wurden 1942 die meisten Gemälde nach Schloss Rheinsberg ausgelagert.

Die Orangerie

Das von König Friedrich Wilhelm IV. in den Jahren 1851 bis 1864 am Nordrand der Parkanlage Sanssouci auf dem Bornstedter Höhenzug errichtete Orangerieschloss, auch Neue Orangerie genannt.

Nach eigenhändigen Skizzen von Friedrich Wilhelm IV. fertigten Ludwig Persius, Friedrich August Stüler und Ludwig Ferdinand Hesse die Entwürfe für ein Gebäude im Stil der italienischen Renaissance. Das Orangerieschloss beherbergte neben einem Gemäldesaal auch ehemalige Gästeappartements und Wohnungen für Bedienstete. In der Neuen Orangerie wurden in den Wintermonaten die exotischen Kübelpflanzen aus dem Park untergebracht.

Die Neue Orangerie ist mit 304 Metern das längste Gebäude in der Parkanlage von Sanssouci. Es war Bestandteil einer geplanten Triumphstraße, die sich bis zum Belvedere auf dem Klausberg erstrecken sollte. Sogar während des Zweiten Weltkriegs standen trotz des kriegsbedingten geringeren Besucherbetriebs alle Kübelpflanzen draußen und wurden im Winter wieder in den rechts zu sehenden Gewächshäusern eingelagert.

Am Ende der geplanten Triumphstraße steht das zwischen 1770 und 1772 als Aussichtsgebäude errichtete Belvedere auf dem Klausberg im Park Sanssouci. In den letzten Kriegstagen 1945 brannte das Gebäude fast vollständig aus.

Das Neue Palais

Das im Jahr 1763 nach Beendigung des Siebenjährigen Kriegs unter Friedrich II. begonnene und 1769 fertiggestellte Neue Palais an der Westseite des Parks Sanssouci. Es wurde vom König aber nicht als königliche Residenz geplant, sondern als Schloss für Gäste seines Hofes.

Das Neue Palais hatte für Friedrich II. die Aufgabe, Preußens neue Rolle unter den mächtigen Staaten Europas zu demonstrieren. Er selbst bezeichnete es als „Fanfaronade", also als Angeberei. Ansonsten diente es ihm mit seinen fast 200 Zimmern als prachtvolles Sommergästehaus, in dem große Feste gefeiert wurden. Kaiser Wilhelm II. und seiner Gemahlin Auguste Viktoria diente das Neue Palais von 1888 bis zur Abdankung im Jahr 1918 als Hauptwohnsitz. Sie ließen im Neuen Palais umfangreiche Modernisierungsarbeiten durchführen.

Den westlichen Abschluss der Parkanlage bilden die Communs hinter der Frontseite des Neuen Palais. Der Begriff „Commun" ist aus dem Französischen abgeleitet und bedeutet übersetzt „Wirtschaftsgebäude". Wie bei ihrem Vorbild, der Grand Commun im Versailler Schlosspark, waren hier die Küche, Wirtschaftsgebäude und Unterkünfte für Gäste, Beamte und Diener untergebracht. Während der Zeit des Nationalsozialismus befand sich hier die Reichsschule des Deutschen Arbeitsdienstes.

Der mit Ziegelsteinen gepflasterte Platz zwischen dem durch zwei Wachhäuser begrenzten Ehrenhof vor dem Neuen Palais und den Communs nennt sich Mopke. Ein ungewöhnliches Wort, das die Holländer nach Potsdam mitgebracht hatten. Der Mopke diente unter Kaiser Wilhelm II. als Veranstaltungsort für großangelegte Feste und Militärzeremonien. Von den Treppen und Säulenhallen der Communs aus verfolgte das Publikum die Darbietungen. Zwischen den Communs steht das 24 Meter hohe kuppelgekrönte Triumphtor.

Blick durch das Triumphtor auf den Mopke und das Neue Palais. ▸

Parkbesucher vor der Rückfront des Neuen Palais.

Die Communs gegenüber vom Neuen Palais.

Die dem Park zugewandte Rückseite des Neuen Palais im Abendlicht.

Das Chinesische Teehaus

Eines der bekanntesten Gebäude im Park Sanssouci ist das sogenannte Chinesische Teehaus, richtig Chinesisches Haus, denn die Bezeichnung Chinesisches Teehaus bürgerte sich erst um 1940 ein. Der Pavillon liegt nur 700 Meter südwestlich des Sommerschlosses Sanssouci und wurde nach eigenhändigen Skizzen Friedrichs II. in den Jahren 1755 bis 1764, nur unterbrochen durch den Siebenjährigen Krieg, im damaligen Zeitgeschmack der Chinoiserie errichtet.

Die vergoldeten Figurengruppen auf den Außenterrassen stellen Chinesen beim Musizieren und Teetrinken dar. Wegen der in den grünen Stuck des Innenraums eingearbeiteten musizierenden Affen nannte Friedrich II. den Pavillon auch Affenhaus.

Ein chinesischer Musikant schmückt die Seite des Teehauses.

Die am Fuß der Säulen sitzenden und an den Wänden stehenden vergoldeten Sandsteinplastiken stammen von den Bildhauern Johann Gottlieb Heymüller und Johann Peter Benkert. Für die Entwürfe des Figurenensembles standen den Bildhauern keine Chinesen, sondern Menschen aus der Potsdamer Region Modell. Daher haben die Figuren europäische Gesichtszüge.

Das im Jahr 1825 von König Friedrich Wilhelm III. für seinen Sohn, den späteren König Friedrich Wilhelm IV., im südwestlichen Teil des Parks Sanssouci gekaufte Gutshaus wurde von Karl Friedrich Schinkel, der auch einen Großteil der Inneneinrichtung entwarf, in eine klassizistische Villa mit Wohnräumen im Biedermeierstil umgebaut. Seinen Namen „Schloss Charlottenhof" erhielt die Villa nach Maria Charlotte von Gentzkow, der vorherigen Besitzerin.
Die Aufnahme zeigt das Gartenportal der Villa.

Charlottenhof und Römische Bäder

Der spätere König Friedrich Wilhelm IV. ließ noch in seiner Zeit als Kronprinz die Römischen Bäder erbauen. Die Römischen Bäder, in denen nie gebadet wurde, entspringen der romantischen Fantasie des königlichen Italienliebhabers. Der künstlerisch begabte Thronfolger nahm dabei großen Einfluss auf die Pläne seines Architekten Karl Friedrich Schinkel. Die verschiedenen Teile des Gebäudekomplexes und des Gartens wurden durch Arkaden und Pergolen miteinander verbunden.

Die Römischen Bäder im Park Sanssouci liegen direkt am Maschinenteich, der ursprünglich als Karpfenteich künstlich angelegt wurde. Hier wurde die erste preußische Dampfmaschine eingesetzt.

Die Gartenanlagen im Innenhof der Römischen Bäder.

Das Marmorpalais am Heiligen See

Das Marmorpalais im Neuen Garten in Potsdam war das Sommerschloss von König Friedrich Wilhelm II. von Preußen und seiner Geliebten, der Gräfin Wilhelmine von Lichtenau. Das aus rotem Backstein in den Jahren 1787 bis 1797 von den Architekten Carl von Gontard, Carl Gotthard Langhans und Michael Philipp Boumann im frühklassizistischen Stil errichtete Palais liegt in einem englischen Landschaftspark unmittelbar am Ufer des Heiligen Sees. Auf dem Dach des Hauses gelangte man über Freitreppen zu einem Rundtempel, von dem aus der Blick bis hinüber zur Pfaueninsel mit dem dortigen Schloss reichte. Die Fassadenelemente aus grauem und weißem Marmor gaben dem Palais seinen Namen.

Die Säulengänge der von Sommergästen genutzten Seitenflügel waren mit Fresken aus der Nibelungensage geschmückt.

Von einer Bootsanlegestelle vor dem Marmorpalais aus unternahm die Hofgesellschaft gerne ausgedehnte Bootsfahrten.

Der im Jahr 1794 nach Entwürfen von Carl Gotthard Langhans aufgestellte Obelisk vor dem Marmorpalais zeigt vier Männerköpfe in verschiedenen Altersstufen. Diese sollen die vier Jahreszeiten darstellen.

Die Orangerie im Neuen Garten mit einer Sphinx über dem Portal. Der im Auftrag von König Friedrich Wilhelm II. in den Jahren 1791 bis 1793 durch Carl Gotthard Langhans in unmittelbarer Nähe zum Marmorpalais errichtete 86 Meter lange Bau diente der Überwinterung exotischer Pflanzen. Vor der Orangerie befindet sich ein großer Staudengarten.

Der Haupteingang zum 102,5 Hektar großen Neuen Garten.

Blick über den Heiligen See auf die Kuppel der Potsdamer Nikolaikirche und den Rundtempel auf dem Dach des Marmorpalais.

Für ihren Ausflug in der Potsdamer Parklandschaft hat sich die ganze Familie extra in Schale geworfen.

Die Potsdamer Parklandschaft setzt sich nahtlos auf der Berliner Seite der Glienicker Brücke fort. Dort beginnt der im Jahr 1934 von der Stadt Berlin erworbene Park des Prinzen Carl von Preußen mit der von Karl Friedrich Schinkel entworfenen „Großen Neugierde". Von dieser als Teepavillon errichteten Rotunde hat man einen herrlichen Blick auf die Glienicker Brücke, den Jungfernsee und die Berliner Vorstadt von Potsdam.

Buchhinweise

Potsdam zur Kaiserzeit
Eine Zeitreise in alten Fotografien

Hartmut Ellrich

18,99 €
ISBN: 978-3-95400-668-7

Einsiedelei
Kaserne des III. Garde-Ulanen-Regiments
Alexandrine
Chaussee von Bornim
Restaur. zur hist. Mühle
Viehtränke
Königs-Weg
Park
Berg Str.
Unteroffizier-Schule
Marien-Str.
Hof-Marsch-Amt
Hohenzollern Str.
Sanssouci
Hist. Windmühle
Cavalier Haus
Bilder Gallerie
Neue Kammern
Neptuns Grotte
Weinberg
Jäger-Vorstadt
Königl. Land-u. Amts-gericht
Augusta Str.
Karl Str.
Werner Alfred Bad
Jäger Tor
Jäger Str.
Kathol. Mädchen-u. Knaben-Schule
Glocken Fontaine
Große Fontaine
Kleine Fontaine
Allee
Obelisk
Kaiser Wilhelm Str.
Dkm. Friedr. d. Gr.
Mausoleum K. Fr. III.
Friedens Kirche
Real-Gymnas.
Turnhalle
Vereinigte Stadt. Mädchenschule
Junker Str.
Schock Str.
Königl. Amtsgericht
Marly-Garten
Kgl. Garten-Direktion
Allee nach Sanssouci
Ananas-Revier
Melonerie
Villa Liegnitz
St. Josephs-Krankenhaus
Kaiser Friedrich Denkmal
Brandenbgr. Tor
Brandenburger Str.
Kasino
Luisen-Platz
Zimmer Str.
Zimmer-Pl.
Kas. d. Leibgensd.
Charlotten Str.
Bäcker Str.
Ober Lyzeum
Rechnungshof
Waisen-Brücke
Am Kanal
Lenné Str.
Kronprinzen Str.
Gem. Sch. VIII
An der Matschwarte
Sporn-Str.
Gr. Militär Waisenhs.
Plantage
Denkm. Friedr. d. Gr.
Exerzierhaus
Lange Stall
Motorboot-anlegestelle
Königl. Wasserwerk
Neustädt. Tor
Breite Str.
Linden Str.
Waisen Str.
Der Stadtkanal
Garnison Kirche
Breite Brücke
Erlöser Kirche
Auguste-Viktoria Str.
Heinrich Str.
Waldemar Str.
Auf dem Kiewitt
Neustädter Havel-Bucht
Prediger Witwen Haus
Kiez
Loge Minerva
Priester Str.
Kaserne des 1. Garde-Regiments
Am Lustgarten
Stift Str.
Bhf. Charlottenhof
Gr. Planitz
Kl.
Potsdamer Ruderklub